Spanis

La Entrevista de Trabajo

Language Adventures

Copyright © 2020 by Language Adventures

ISBN: 9798648413375

All rights reserved. This book or any portion thereof may not be reproduced or used in any manner whatsoever without the express written permission of the publisher except for the use of brief quotations in a book review.

This is a work of fiction. Names, characters, businesses, places, events, locales, and incidents are either the products of the author's imagination or used in a fictitious manner. Any resemblance to actual persons, living or dead, or actual events is purely coincidental.

TABLE OF CONTENTS

TABLE OF CONTENTS 3

HOW TO READ THIS LANGUAGE ADVENTURE? 6

WHAT IS A SPANISH READER? 7

ABOUT THIS INTERACTIVE SPANISH READER 8

INTRODUCTION 9

UN NUEVO DÍA 10

DORMIR "5 MINUTOS MÁS" 13

LEVANTARSE DE LA CAMA Y DESAYUNAR 14

COMER LA TORTA. UN DESAYUNO PESADO 17

COMER LA FRUTA. UN DESAYUNO NUTRITIVO 19

DESARROLLADOR DE VIDEOJUEGOS 21

BLOGGER EN UN SITIO DE CRÍTICA DE CINE Y SERIES 24

ASISTENTE DEL CHEF EN UN RESTAURANTE DE CATEGORÍA 26

ENVIAR EL CV TAL Y COMO ESTÁ 28

APRENDER A REDACTAR UN CURRÍCULUM (BLOGGER) 30

APRENDER A REDACTAR UN CURRÍCULUM (DESARROLLADOR DE VIDEOJUEGOS) 32

APRENDER A REDACTAR UN CURRÍCULUM (ASISTENTE DEL CHEF) 35

LA ENTREVISTA (BLOGGER) 37

LA ENTREVISTA (DESARROLLADOR DE VIDEOJUEGOS) 40

LA ENTREVISTA (ASISTENTE DEL CHEF) 45

HABLAR SOBRE VIDA PERSONAL 50

HABLAR SOBRE VIDA PROFESIONAL 53

PARA BUSCAR NUEVOS DESAFÍOS 55

MALA RELACIÓN CON MI EX JEFE Y EX COMPAÑEROS 58

EXPLICAR MIS DEFECTOS Y MI CAPACIDAD PARA CORREGIRLOS 60

MENCIONAR VIRTUDES O HABILIDADES COMO DEFECTOS 62

DAR UNA RESPUESTA HUMILDE **64**

HABLAR BIEN DE TI MISMO **66**

INFORMO A MI SUPERIOR EL ERROR **68**

NO INFORMO A MI SUPERIOR DEL ERROR E INTENTO SOLUCIONARLO SOLO. **70**

DECIR CUÁNTO DINERO QUIERES GANAR **72**

DAR UNA RESPUESTA SIN DECIR UN NÚMERO **74**

DECIR QUE PUEDO COMENZAR A TRABAJAR EN UN MES **76**

DECIR QUE PUEDO COMENZAR MAÑANA **78**

PERSONAL NOTES **79**

DID YOU LIKE THIS LANGUAGE ADVENTURE? SHARE YOUR COMMENTS WITH THE WORLD! **80**

How to read this Language Adventure?

This book is an interactive language adventure. This means that you can choose the path of the main character.

The story has several endings and is up to you to reach the best one for the main character.

In each chapter you will be given a set of options to choose from. These options are links that will take you to the following chapter in the story.

Every time you "Lose" or "Win", you will be given the option to begin the story again.

Feel free to explore the story and learn every bit of vocabulary and phrases that are waiting for you to be discovered.

WHAT IS A SPANISH READER?

A Spanish Reader is a book especially written to help you improve your Spanish skills in a progressive way.

It allows you to increase your vocabulary and get better at understanding Spanish without becoming frustrated in the process.

These books are specially created for Spanish learners and they use several techniques to help you learn faster and in a comfortable way.

ABOUT THIS INTERACTIVE SPANISH READER

- **Vocabulary:** Job Interview, lifestyle, health
- **Level:** A2 | Elementary
    - At the A2 level, a language learner can:
        - Understand frequently used expressions in most intermediate areas such as shopping, family, employment, etc.
        - Complete tasks that are routine and involve a direct exchange of information.
        - Describe matters of immediate need in simple terms.
- **Verbal tenses used:** Present

Although this book is written in the "Present" tense (tiempo presente) it has a lot of vocabulary that covers several topics.

This book intends to teach you job interview and work related vocabulary while you play with the story.

As you choose how the story develops, you will forget that you are reading a language-learning book.

You will learn as you play!

After reading this book you will

- Be comfortable using the Simple Present tense
- Know Job Interview and work related vocabulary
- Know basic personal presentation vocabulary.

Introduction

In this story, you have to help Matias get a job.

Matias is somewhat lazy, but he has potential!

Remember, if you love what you do you never work a day in your life!

Help Matias find his dream job!

Good luck in your adventure!

Un nuevo día

Matías tiene 23 años y no tiene empleo

Está desempleado.

Él sueña con conseguir un trabajo que le apasione.

A Matías le apasiona jugar videojuegos.

A él le gusta mirar series y películas en servicios de streaming por internet.

Matías es amante de la comida. Come de todo.

Siempre se ofrece para ser el cocinero en ocasiones especiales. Como, por ejemplo, en cumpleaños o reuniones con sus amigos.

Su familia le dice que deje de perder el tiempo con jugar tantos videojuegos, mirar tantas series y comer comida chatarra.

A veces Matías es más productivo.

En ocasiones, Matías aprende sobre programación y diseño de videojuegos en internet.

A Matías le gusta crear juegos de aventura de texto como el clásico Zork.

A Matías le encanta escribir críticas sobre las series y películas que más le gustan.

Su serie favorita es "Friends".

Su personaje favorito es "Chandler".

Siempre se ríe con los chistes de "Chandler"

A Matías le gustan las comedias.

Él comparte con sus amigos y familiares lo que escribe.

Sus amigos eligen qué series ver gracias a las recomendaciones de Matías.

Matías lleva meses desempleado.

El dinero en su cuenta bancaria se agota y siente que es momento de hacer algo.

Son las ocho de la mañana. Matías despierta y mientras abre sus ojos decide…

- Dormir "5 minutos más" (Pág. 13)
- Levantarse de la cama y desayunar (Pág. 14)

Dormir "5 minutos más"

Matías decide dormir 5 minutos más...

Se despierta a las 5 de la tarde.

¡El día entero está perdido!

Muchas veces Matías pierde todo el día durmiendo.

En días así a Matías le cuesta dormir por las noches.

Ya es tarde para hacer algo productivo.

Decide jugar videojuegos, comer comida chatarra y mirar series en internet.

Hacer esto lo mantiene despierto hasta muy tarde.

¡Matías debe aprovechar mejor los días!

FIN

- Volver al inicio (Pág. 10)

Levantarse de la cama y desayunar

Matías se levanta de la cama.

Aún está algo dormido.

Primero se dirige al baño.

Se lava la cara.

Se seca con la toalla.

Se lava los dientes con pasta dental y su cepillo dental azul.

Ahora Matías está más despierto.

Luego, se dirige a la cocina a desayunar.

Bebe un vaso de agua para estar bien hidratado.

Estar hidratado es muy importante para comenzar el día.

La cocina de Matías es pequeña pero cómoda.

A Matías le cuesta mantener su cocina ordenada.

A él le gusta cocinar, pero no le gusta mucho lavar los platos.

Los platos sucios se acumulan en el fregadero.

Cada mañana Matías se repite a sí mismo que debe lavar los platos la noche anterior.

¡Es lindo encontrar una cocina ordenada por las mañanas!

Matías se siente hambriento.

Matías tiene hambre.

Debe buscar algo para desayunar.

Al abrir su heladera ve que hay algo de fruta o una rica torta de chocolate.

- Comer la torta (Pág. 17)

- Comer la fruta (Pág. 19)

COMER LA TORTA. UN DESAYUNO PESADO

Matías come la torta de chocolate.

También decide tomar una taza de leche con chocolate.

Él pone mucha azúcar en su taza de leche.

El desayuno es una de las comidas más importantes del día.

Un desayuno pesado puede arruinar un día entero.

A Matías le duele el estómago.

La torta de chocolate le produce dolor de estómago.

Matías corre al baño.

Luego de ir al baño, Matías decide recostarse hasta sentirse mejor.

Él pierde todo el día recostado con dolor de estómago.

Son las seis de la tarde.

Ya es tarde para hacer algo productivo.

Decide jugar videojuegos y mirar series en internet.

¡Matías debe aprovechar mejor los días!

FIN

- Volver al inicio (Pág. 10)

COMER LA FRUTA. UN DESAYUNO NUTRITIVO

Matías se prepara un desayuno con Manzanas, Duraznos, Kiwis, Palta y un rico jugo de naranja.

Además, prepara unos huevos revueltos en la sartén.

El desayuno nutritivo de frutas le da a Matías la energía para enfrentar un día productivo.

Es importante desayunar de forma nutritiva.

Matías se siente muy bien.

Tiene fuerza para afrontar el día.

Decide que es momento de buscar empleo.

No está muy seguro de qué ofertas trabajo le gustan.

Él quiere hacer algo que le apasione.

Matías sabe que le apasionan los videojuegos, las películas y la comida.

Enciende su computador portátil e ingresa en un sitio web de búsqueda de empleo.

Tres ofertas de trabajo le llaman la atención.

Esos trabajos se relacionan con lo que le gusta hacer todos los días.

- Desarrollador de Videojuegos (Pág. 21)
- Blogger en un sitio de crítica de cine y series (Pág. 24)
- Asistente del chef en un restaurante de categoría (Pág. 26)

Desarrollador de Videojuegos

A Matías le encantan los videojuegos.

Le gustan mucho las aventuras gráficas como Monkey Island, los juegos de desarrolladores independientes ("indie") y los juegos de estrategia como el Age of Empires.

Matías juega muchos juegos en su consola de videojuegos o en su computadora.

Él ama los videojuegos.

Le apasionan las historias que cuentan sus juegos favoritos.

Matías aprende sobre cómo desarrollar juegos por internet.

Su hobbie es desarrollar juegos de aventura de texto.

¡Matías siente que desarrollar videojuegos es su trabajo ideal!

Decide enviar su currículum vitae para aplicar a esta oferta de empleo.

Un currículum es un resumen de los datos más importantes de quien quiere obtener un empleo.

Alguien que quiere obtener un empleo es llamado candidato, postulante o solicitante.

Un currículum debe contener información relevante para el empleo.

Algunos datos importantes son:

- Experiencia previa: se trata de los trabajos anteriores del solicitante.
- Datos de contacto: Información como email, dirección y teléfono para contactar con el postulante.
- Referencias: Ex compañeros de trabajo o jefes que hablen sobre el candidato.
- Estudios: se trata de la educación que tiene quien aplica a un empleo.

Un currículum también es llamado Currículum Vitae (CV) u hoja de vida.

¡Matías recuerda que su CV no está actualizado!

El currículum está desactualizado.

El CV tiene datos viejos.

Matías no sabe qué requisitos básicos debe tener un currículum de desarrollador de videojuegos.

- Enviar el CV tal y como está (Pág. 28)
- Aprender a redactar un currículum (Desarrollador de Videojuegos) (Pág. 32)

Blogger en un sitio de crítica de cine y series

Matías es fanático del Cine y las Series.

Él siempre está mirando avances de cine, estrenos y nuevas temporadas de series.

¡Matías siente que escribir sobre estos temas es su trabajo ideal!

Decide enviar su currículum vitae para aplicar a este empleo.

Un currículum vitae es una presentación de la experiencia, habilidades, referencias, información de contacto y demás datos relevantes de un solicitante aun empleo.

Un solicitante es alguien que busca empleo.

Un currículum vitae también es llamado CV u hoja de vida.

Matías, de repente, recuerda que su CV está desactualizado

Su currículum tiene datos viejos.

Debe actualizar los datos de su CV.

Él no sabe qué requisitos básicos tiene una un currículum vitae u hoja de vida para Bloggers.

- Enviar el CV tal y como está (Pág. 28)
- Aprender a redactar un currículum (Blogger) (Pág. 30)

Asistente del Chef en un restaurante de categoría

A Matías le encanta comer.

Él come mucha comida chatarra.

Piensa que ser asistente del chef le ayudará a mejorar un poco su dieta.

Piensa que es un trabajo sencillo.

Ser asistente del chef no suena tan complicado.

¡Matías piensa que este es su trabajo ideal!

Decide enviar su currículum vitae (CV) para postularse a este empleo.

El currículum vitae es un resumen de la información más importante del postulante.

El postulante es la persona que desea conseguir el trabajo.

Cada uno de los postulantes debe hacer una entrevista.

A los currículums de los postulantes también se los llama hojas de vida.

La hoja de vida debe contener información relevante para el empleador como por ejemplo datos de contacto, experiencia previa y referencias.

Matías se da cuenta que su CV no está listo para ser enviado.

Al currículum le falta información.

El currículum está incompleto.

La fotografía del CV muestra a Matías en su adolescencia.

Matías está desarreglado en la foto.

Matías no sabe nada sobre cómo preparar una hoja de vida (CV) de un "asistente de chef"

- Enviar el CV tal y como está (Pág. 28)
- Aprender a redactar un currículum (Asistente del Chef) (Pág. 35)

ENVIAR EL CV TAL Y COMO ESTÁ

La empresa recibe un currículum sin formato.

El currículum está desprolijo

A la hoja de vida le falta información.

No cuenta con los datos que más le importan al empleador.

No tiene los datos básicos de un CV.

No detalla los estudios de Matías.

Faltan datos de contacto.

La foto del CV muestra a Matías despeinado y desarreglado.

La foto de la hoja de vida no muestra seriedad y profesionalismo.

Carece de experiencia previa.

El CV no tiene experiencia relevante para el puesto.

La empresa decide descartar la postulación de Matías.

FIN

- Volver al inicio (Pág. 10)

Aprender a redactar un currículum (Blogger)

Matías decide abrir el navegador web y escribir en el buscador "¿Cómo redactar un currículum para un blogger?"

El buscador muestra varios resultados interesantes.

Un Blogger es un creador de contenidos.

Matías aprende que todo buen currículum de Blogger debe tener:

Información básica como, por ejemplo:

- Una fotografía profesional, bien vestido y arreglado.
- Los datos de contacto (como por ejemplo número de celular, teléfono, correo electrónico, etc.)
- La experiencia laboral (trabajos anteriores)
- Datos de contacto de personas que puedan dar referencias del postulante.

Un postulante es alguien que envía su CV a una oferta de empleo.

Éste CV también debe contener información específica para Bloggers:

- Los temas sobre los que sabe escribir
- Los blogs que le gusta leer
- Enlaces a artículos personales. Páginas escritas por Matías.

Matías aprende mucho de leer toda la información. Redacta un currículum bien completo.

Agrega en el CV varias de las críticas de series y películas que escribe para sus amigos.

Matías está conforme con el resultado de su investigación.

Decide escribir y enviar el CV completo y actualizado.

¡Al cabo de unos días recibe una llamada para concertar una entrevista!

- La entrevista (Blogger) (Pág. 37)

Aprender a redactar un currículum (Desarrollador de Videojuegos)

Matías toma su ordenador portátil.

Busca en su navegador web favorito "¿Cómo redactar un currículum de desarrollador de Videojuegos?"

El buscador muestra varios resultados de tutoriales y guías sobre cómo redactar un CV de Desarrollador de Videojuegos (Game Developer).

Matías aprende sobre cómo redactar un buen currículum de desarrollador de juegos.

Matías aprende todo lo que un buen CV de desarrollador debe tener.

Un Currículum Vitae de "Game Developer" tiene los requisitos comunes de cualquier currículum.

Debe contener nombre, apellido, dirección, teléfono, celular, mail, experiencia laboral, referencias, estudios, fotografía, etc.

Pero, además, una hoja de vida de un programador de videojuegos debe mostrar un portfolio.

Un portfolio es una muestra de los trabajos del programador o desarrollador.

Matías ha programado juegos muy básicos.

Sus juegos están incompletos y no están listos para un portfolio.

Sin embargo, Matías sabe que internet está lleno de tutoriales de cómo comenzar a desarrollar juegos "indie".

Los juegos "indie" son aquellos videojuegos desarrollados por creadores independientes.

Matías decide crear algunos juegos simples para mejorar sus habilidades

Ahora tiene varios juegos en su porfolio.

No solo tiene aventuras de texto.

También tiene juegos de plataformas, de aventura gráfica, de terror y más.

Matías completa el currículum con su portfolio y demás datos relevantes.

Está conforme con su CV.

Matías decide enviar el currículum.

¡Unos días más tarde, recibe una llamada para concertar una entrevista!

- La Entrevista (Desarrollador de Videojuegos) (Pág. 40)

Aprender a redactar un currículum (Asistente del Chef)

Matías busca en su celular información sobre "Cómo redactar un currículum de Asistente del Chef".

Toma su libreta para escribir una lista de todos los requisitos que tiene una hoja de vida de asistente del chef.

Matías escribe en su lista:

- Experiencia previa en la cocina.
- Educación sobre temas de alta cocina.
- Referencias de otros trabajos de cocina.
- Cursos de cocina que está haciendo actualmente.
- Los datos usuales de cualquier CV.
- Recetas creadas por el postulante.

Matías aprende que ser Asistente del Chef es más difícil de lo que creía.

Un Chef debe conocer sobre cocina internacional.

Un buen cocinero debe conocer muchas recetas.

Un asistente del Chef debe tener cultura gastronómica.

A pesar de sentir miedo y tener poca experiencia, Matias decide que le gusta mucho la cocina y decide armar un currículum.

Matías escribe algunas recetas propias.

Matías se anota en un curso de cocina en línea y agrega ese curso a su CV.

Matías menciona que tiene experiencia en cocinar en eventos familiares.

Matías está contento con su currículum.

Envía su CV por mail y espera ansioso que lo contacten.

- La Entrevista (Asistente del Chef) (Pág. 45)

La Entrevista (Blogger)

Matías se prepara para su entrevista.

Él quiere ser un redactor de contenidos profesional.

Se viste con su mejor camisa.

Elige una linda corbata negra que combina perfectamente con su traje negro.

¡Matías siente que pertenece al servicio secreto!

Ya casi es hora de su entrevista.

Decide tomar un Uber para llegar a tiempo.

Es importante llegar a tiempo a una entrevista.

En el camino hay tráfico, pero eso no importa pues Matías salió con tiempo.

El Uber lo lleva directamente al edificio de oficinas.

Matías paga su Uber, se acerca a la recepción y le dice a la secretaria:

-" Hola, mi nombre es Matías Jiménez, vengo a una entrevista con el Sr. Bermúdez con horario a las dos de la tarde."

Son las dos menos diez minutos.

La recepcionista le sonríe mientras levanta el teléfono para anunciar la llegada de Matías.

-"Lo está esperando en el quinto piso, oficina 502", dice la recepcionista.

Matías toma el ascensor.

Mira su reflejo en el espejo del ascensor.

Se arregla la corbata.

Baja en el quinto piso.

Matías está emocionado y un poco ansioso.

Al llegar a la oficina 502 un hombre alto, de aspecto un poco desarreglado lo está esperando de pie.

- "Buenas tardes Matías, ¿verdad?"- dice el hombre.

Matías le sonríe, extiende la mano y responde - "Sí, Sr. Bermúdez ¿verdad?"

- "Por favor, llámame Juan" dice el Sr. Bermúdez.

Luego de presentarse ambos toman asiento y comienza la entrevista.

Sin perder el tiempo el Sr. Bermúdez le dice a Matías:

- "Bien, Háblame un poco de ti"

- Hablar sobre vida personal (Pág. 50)
- Hablar sobre vida profesional (Pág. 53)

La Entrevista (Desarrollador de Videojuegos)

Matías está ansioso por su entrevista.

El día de la entrevista se lava los dientes, se afeita y se peina el cabello.

¡Matías quiere dar una buena primera impresión!

La entrevista está programada a las tres de la tarde.

El lugar de la entrevista está ubicado cerca de su casa.

Es un día precioso, por lo que Matías decide ir caminando.

Matías decide ir a pie.

A las dos y cuarto de la tarde Matías sale de su casa

Comienza a caminar en dirección al edificio donde es la entrevista.

Matías está nervioso, realmente quiere que lo contraten como desarrollador de videojuegos.

A las tres (3) menos diez (10) Matías llega a un edificio colorido.

El edificio está todo pintado con arte de píxeles (llamado "Pixel Art" en inglés).

En la fachada del edificio hay personajes de los videojuegos favoritos de Matías.

La fachada es el frente de un edificio.

Se puede ver a los Hermanos Mario, a Sonic el erizo, a Guybrush Threepwood el pirata del juego la Isla de los Monos (Monkey Island), unos aldeanos del juego la Era de los Imperios (Age of Empires) y a muchos más.

¡Estos dibujos generan mucha emoción a Matías!

Matías juega esos juegos todo el tiempo.

Matías ingresa por la puerta de vidrio del edificio

Ve que el lugar está repleto de viejos Arcades con los juegos clásicos como PACMAN y TETRIS.

En la recepción hay un chico con el pelo de color violeta.

Matías se acerca y le dice:

-"Hola, Buenas tardes. Mi nombre es Matías Jiménez. Tengo una entrevista con el Sr. Esteban Prol"-

El chico levanta la mirada con una sonrisa y dice:

-"Buenas tardes, Matías. Un Gusto en conocerte. Me llamo Tomás y estoy para lo que necesites. Bien… dame un momento…".

Tomás presiona un botón en su teléfono.

El teléfono tiene la forma de un hongo del juego Mario Bros.

Dice por el altavoz:

-"El solicitante de las tres está aquí ¿Lo hago pasar?... Ok, perfecto".

Tomás, el recepcionista, mira a Matías y le dice que tome el ascensor hasta el tercer (3°) piso y que allí lo estará esperando Esteban.

En el tercer piso lo recibe una persona de aspecto muy geek.

Gruesas gafas, una camisa a cuadros abierta que deja ver una remera blanca con el logo del juego Doom, un Iwatch en la muñeca y unos jeans ajustados de color rojo.

El tercer piso es igual de colorido que la planta baja, solo que aquí además de las recreativas (arcades) hay mesas de ping pong y de tejo.

¡Este parece ser un lugar muy divertido para trabajar!

Esteban hace pasar a Matías a un cuarto que tiene las paredes de cristal y permite ver todo el piso.

Lo invita a tomar asiento, se presenta formalmente y comienza la entrevista.

-"Bienvenido Matías, cuéntame un poco de ti"- dice Esteban.

Matías se presenta:

- "Mi nombre es Matías Jiménez. Tengo veintitrés años. Vivo solo en mi apartamento en el Barrio de Boedo aquí en Buenos Aires."

- "En mi familia somos 4 personas. Mi padre, mi madre, mi hermana y yo".

- "En mis ratos libres me encanta diseñar historias y desarrollar videojuegos".

Matías comienza a hablar de cómo le gusta jugar y crear videojuegos.

Le cuenta a Esteban que desarrolla juegos sencillos para practicar.

Esteban lo interrumpe y le dice:

- "Excelente Matías. Es evidente que te gusta desarrollar videojuegos. Ahora dime… ¿Cuál es tu mayor defecto?".

- Explicar defectos y capacidad para corregirlos (Pág. 60)
- Mencionar virtudes o habilidades como defectos (Pág. 62)

La Entrevista (Asistente del Chef)

El restaurante que busca asistente del chef recibe el currículum.

A pesar de que Matías no tiene experiencia profesional ¡su hoja de vida demuestra que tiene mucho entusiasmo!

El Sr. Pierre, dueño del restaurante, decide llamar a Matías para concertar una entrevista.

Matías está muy contento por esta entrevista.

La entrevista fue fijada al día siguiente a las tres de la tarde.

Al día siguiente Matías se prepara para su entrevista.

Se peina bien.

Se viste con su mejor ropa.

Almuerza algo ligero y, luego se cepilla los dientes.

Matías debe tomar un autobús para llegar al restaurante.

En la parada del autobús Matías ve un cartel publicitario gigante en la cima de un edificio de la ciudad.

¡Es un cartel del restaurante de Pierre!

Una fotografía gigante del Sr. Pierre acompaña la frase "*Chez Pierre el mejor restaurante de la ciudad*".

Matías se pone un poco nervioso al ver el cartel.

Es un restaurante muy importante y él no tiene experiencia profesional.

Matías sólo cocina para sus amigos y familiares.

Matías respira hondo para calmar sus nervios.

El autobús llega justo a tiempo.

Matías sube al autobús, indica al chofer la parada, paga su boleto y toma asiento.

Cuando llega al restaurante nota que el lugar está repleto.

Está lleno de gente.

Incluso hay personas esperando para conseguir una mesa.

La fila de personas tiene casi cincuenta (50) metros de longitud.

Los mozos corren de un lugar a otro con bandejas en sus manos.

Matías ve que, detrás del mostrador, hay muchísimos tipos de vinos franceses.

La cantidad de gente esperando en la puerta no le permite avanzar para poder llegar a la recepción.

El reloj marca las tres menos cinco de la tarde.

¡Matías no puede llegar tarde a su entrevista!

Comienza a abrirse paso entre la multitud y llega al mostrador.

El joven del mostrador cree que Matías es un cliente que no quiere hacer la fila.

Alguien que quiere saltarse la fila.

Lo mira enojado.

No le gustan los clientes que no siguen las reglas del restaurante.

Matías, agitado, le dice -"Tengo una entrevista para asistente del chef a las 3 con el Sr. Pierre".

El muchacho responde con un claro acento francés: -"Oh, sí ¡Por supuesto! Monsieur Pierre le está esperando".

El joven señala un pasillo a su derecha y le indica a Matías que en la tercera puerta a la izquierda podrá encontrar a Pierre.

Matías camina por el pasillo y nota que por las ventanas puede verse la cocina.

Muchos hombres y mujeres vestidos de blanco corren de un lado a otro entre vapores y ollas.

La combinación de muchos aromas deliciosos llega desde ahí.

Matías cruza la puerta.

Un hombre alto, delgado y con un gran bigote lo está esperando sentado en una gran silla detrás de un antiguo escritorio.

- "Bienvenido Matías, toma asiento", dice el Sr. Pierre con un fuerte acento francés.

Matías se sienta.

El Sr. Pierre es una persona intimidante.

Matías está nervioso.

Siente un poco de nervios.

Sin rodeos el Sr. Pierre comienza con las preguntas de la entrevista.

- "Cuéntame Matías, ¿Qué te diferencia de los otros candidatos? ¿Por qué debería contratarte a ti?

- Dar una respuesta humilde (Pág. 64)
- Hablar bien de ti mismo (Pág. 66)

Hablar sobre vida personal

Matías comienza a hablar de cómo le gusta mirar películas en la cama.

Cuenta que come muchas papas fritas o nachos con queso mientras mira sus series favoritas.

Le dice al Sr. Bermúdez que lee muchos blogs de películas y series.

Eso le ayuda a saber qué películas ver más tarde.

Relata que vive solo.

Eso le da tiempo para mirar televisión todo el día.

Matías habla mucho de su vida personal.

Matías se da cuenta que se siente solo.

Él comienza a hablar de sus sentimientos.

Matías habla de que extraña a su madre.

A veces quiere volver a vivir con sus padres.

Matías menciona que quiere tener novia.

Comienza a hablar de una chica que desea invitar a salir.

Le cuenta al Sr. Bermúdez cómo se siente cuando ve a esa chica.

Matías describe aspectos muy personales de su vida.

Cosas que el Sr. Bermúdez no quiere saber.

El Sr. Bermúdez decide interrumpirlo.

- "Bueno, creo que ya tenemos suficiente información. Te haremos saber el resultado de la entrevista en unos días"- dice el Sr. Bermúdez

- "Muchas Gracias Juan"- contesta Matías.

Matías espera ansioso el llamado de recursos humanos para saber si fue contratado, pero nunca lo recibe.

Matías aprende que en las entrevistas de trabajo es mejor no hablar sobre la vida personal.

FIN

- Volver al inicio (Pág. 10)

HABLAR SOBRE VIDA PROFESIONAL

Matías entiende que la pregunta se refiere a su vida profesional.

Él comienza a relatar su personalidad como empleado.

Él dice:

- "Soy una persona ordenada".
- "Me gusta trabajar duro".
- "Soy puntual".
- "Estoy dispuesto a aprender".
- "Trabajo bien en equipo".
- "La comunicación me parece muy importante".
- "Me apasiona escribir".
- "Me llevo bien con las computadoras".

El Sr. Bermúdez muestra interés en la lista de cualidades de Matías.

¡La entrevista parece estar marchando bien!

A continuación, el Sr. Bermúdez hace otra pregunta.

- "Háblame de tu empleo anterior. ¿Por qué no trabajas más allí?"

- Por llevarme mal con mi ex jefe y mis ex compañeros (Pág. 58)
- Para buscar nuevos desafíos (Pág. 55)

Para buscar nuevos desafíos

Matías cuenta que quiere enfrentar nuevos desafíos.

Le apasionan los nuevos retos.

Él se describe como una persona con objetivos claros y que demuestra una ambición sana.

Quiere aprender todo sobre el Blogging y sobre escribir artículos de series y películas.

Al cine se lo llama "*El Séptimo Arte*".

Él ama el "*Séptimo Arte*".

¿Existe algo mejor que trabajar en lo que uno ama?

Matías sabe que el camino no es fácil.

Sabe que se trata de un camino de superación y crecimiento.

Él no tiene experiencia profesional escribiendo.

Matías está dispuesto a equivocarse y aprender en el camino.

¡El Sr. Bermúdez está muy contento con el entusiasmo de Matías!

La entrevista finaliza.

El Sr. Bermúdez saluda a Matías y le dice que en unos días lo llamarán para notificarle el resultado.

Al cabo de unos días el teléfono suena.

Matías atiende el teléfono.

Una voz del otro lado le informa a Matías el resultado de la entrevista de trabajo.

- "¡Felicitaciones Matías, estás contratado como redactor en el Blog! Comienzas mañana".

Matías está muy contento.

Decide escribir algunos borradores de artículos para llevar al trabajo el día siguiente.

¡Matías es un Blogger profesional!

FIN

- Volver al inicio (Pág. 10)

Mala relación con mi ex jefe y ex compañeros

Matías comienza a hablar mal de su ex jefe

También habla mal de sus ex compañeros de trabajo.

Habla de forma negativa sobre la personalidad de su ex jefe.

- "Mi ex jefe es un tonto", dice Matías.

- "Mis ex compañeros son unos insoportables", dice Matías.

Cuenta sobre peleas en su anterior empleo.

Relata que en esa oficina es imposible llevarse bien con la gente.

Cuenta que el salario es muy malo en esa empresa.

Él cuenta que pedir un aumento de salario es algo imposible en esa empresa.

Es obvio que Matías es una persona conflictiva y antisocial.

El Sr. Bermúdez, no se toma muy bien que Matías hable de forma tan negativa y poco profesional.

Decide interrumpirlo.

- "Bueno, creo que ya tenemos suficiente información. Te haremos saber el resultado de la entrevista en unos días", dice el Sr. Bermúdez.

Matías espera ansioso el llamado de recursos humanos para saber si fue contratado.

Recursos Humanos se comunica con Matías para informarle que no seguirá participando en el proceso de selección.

Matías aprende que en las entrevistas de trabajo es mejor no hablar mal sobre su anterior empleo.

FIN

- Volver al inicio (Pág. 10)

Explicar mis defectos y mi capacidad para corregirlos

Matías es honesto acerca de sus errores y defectos.

Admite que, como cualquiera, se equivoca.

Matías no se desespera cuando comete un error.

Explica que sabe enfrentar problemas con calma.

Es capaz de corregir sus errores enfrentando el problema.

Matías pide ayuda al cometer errores.

Sabe que el trabajo en equipo es importante.

Matías aprende de sus errores.

Para recordar cosas importantes toma nota en una pequeña libreta.

Llevar una libreta y apuntar cosas importantes es una técnica muy útil.

Matías usa un calendario para agendar reuniones importantes.

De esa forma Matías evita cometer los mismos errores.

Matías aprende de sus errores.

A Esteban le gusta mucho la respuesta de Matías.

Matías demuestra ser una persona responsable, proactiva y productiva.

Para continuar con la entrevista Esteban hace la siguiente pregunta:

- "¿Cuál es tu pretensión salarial? ¿Cuánto dinero quieres ganar con este empleo?"

- Decir cuánto dinero quieres ganar (Pág. 72)
- Dar una respuesta sin decir un número (Pág. 74)

Mencionar virtudes o habilidades como defectos

Matías disfraza sus mejores cualidades de forma negativa.

Dice que es demasiado ordenado.

Dice ser muy perfeccionista.

Se describe a sí mismo como una persona muy responsable.

Dice que siente estrés por ser extremadamente puntual.

Menciona que uno de sus más grandes defectos es ser un adicto al trabajo.

Matías sigue mencionando cosas positivas de una forma negativa.

Esteban se aburre de escuchar estas respuestas inventadas.

Esto es lo que la mayoría de la gente contesta a esta pregunta.

El candidato debe asumir sus errores y mostrar habilidad para corregirlos.

Matías no respondió correctamente esta pregunta.

Esteban ya está aburrido de escuchar las respuestas de Matías.

Lo interrumpe y le dice...

- "Bien, creo que tengo suficiente... muchas gracias por venir. Te estaremos llamando en unos días con el resultado de la entrevista."

Ambos se levantan, se dan la mano y se despiden.

Matías vuelve a casa y, al cabo de unos días, recibe el llamado de recursos humanos de la empresa.

La voz del teléfono le informa que no sigue entre los candidatos al puesto.

¡Matías tiene que mejorar sus respuestas en las entrevistas!

FIN

- Volver al inicio (Pág. 10)

Dar una respuesta humilde

Matías dice que no puede competir con otros candidatos.

Él dice que la cocina es su hobbie.

Matías dice que solo cocina para sus amigos y su familia.

Está seguro que hay candidatos mejor preparados que él.

La respuesta de Matías es tímida.

Él responde tímidamente.

Matías no quiere hablar bien de sí mismo.

Matías tiene vergüenza de hablar bien de sí mismo

Sus respuestas no inspiran confianza.

Matías se muestra inseguro.

El Sr. Pierre nota la inseguridad de Matías.

Nadie quiere contratar a una persona insegura de sí misma.

Luego de otras preguntas de rutina el Sr. Pierre decide terminar la entrevista.

Matías se retira sabiendo que no obtuvo el trabajo

¡Matías debe ganar confianza en sí mismo!

FIN

- Volver al inicio (Pág. 10)

Hablar bien de ti mismo

Matías habla bien de sí mismo.

Matías vende sus mejores cualidades.

Él destaca que le gusta cocinar.

Matías menciona sus habilidades en la cocina.

Cuenta que tiene mucha experiencia cocinando para fiestas de cumpleaños, bodas y otras reuniones familiares.

Matías se muestra muy seguro.

Él muestra entusiasmo.

Matías no es un gran cocinero, pero realmente ama cocinar.

Matías se muestra como alguien competente y con experiencia relevante para ser asistente del chef.

Matías sabe que Pierre quiere hacer más eventos públicos en su restaurante.

Menciona que le encanta la presión de atender a todos los invitados en grandes eventos.

El Sr. Pierre está impresionado con la seguridad que muestra Matías.

¡la entrevista marcha bien!

El Sr. Pierre decide hace otra pregunta a Matías.

-"¿Qué haces cuando cometes un error?"

- Informo a mi superior el error (Pág. 68)
- No informo a mi superior del error e intento solucionarlo solo (Pág. 70)

INFORMO A MI SUPERIOR EL ERROR

Matías es honesto acerca de sus errores.

Él no teme pedir ayuda cuando se equivoca.

Cuando comete errores Matías le informa a su jefe.

También informa a sus compañeros del error.

El trabajo en equipo es importante para resolver problemas.

Pedir ayuda permite que resuelva los problemas sin estrés.

Todos juntos podemos resolver un problema más rápido.

A Pierre le gustan los empleados que son honestos acerca de sus errores.

¡El perfil de Matías es perfecto para el puesto!

Finalmente, Pierre le dice a Matías:

- "Matías, no tienes mucha experiencia. Pero tu entusiasmo y personalidad son perfectos para este puesto. ¡Estás contratado! Te espero mañana a las seis (6) de la mañana para comenzar".

Matías se da cuenta que los restaurantes abren muy temprano.

Matías deberá despertarse antes del amanecer para llegar a tiempo a su nuevo trabajo.

Eso no le importa a Matías.

No le molesta hacer el esfuerzo.

¡Él está feliz por ahora es Asistente del Chef!

FIN

- Volver al inicio (Pág. 10)

No informo a mi superior del error e intento solucionarlo solo

Matías responde que no es bueno resolviendo problemas.

Los conflictos lo paralizan.

Matías no tiene tolerancia al estrés.

Al cometer errores se pone muy nervioso.

Cuando comete un error teme la reacción de su jefe.

Matías no le cuenta a su superior del error.

Tampoco le dice a sus compañeros.

Matías no pide ayuda.

El miedo se apodera de Matías cada vez que comete un error.

Teme que su jefe lo sancione o le grite.

A Pierre no le gusta la gente que oculta problemas en su cocina.

Pierre considera que es mejor ser sincero con los errores.

Al equivocarnos aprendemos de nuestros errores.

Pierre decide finalizar la entrevista.

Matías no es un buen candidato.

Pierre busca alguien en quién poder confiar como su asistente.

¡Matías debe enfrentar mejor los problemas!

FIN

- Volver al inicio (Pág. 10)

Decir cuánto dinero quieres ganar

Matías se emociona al hablar de dinero.

Es muy ambicioso.

Él comienza a contar todas las cosas que quiere comprarse.

Un ordenador nuevo para videojuegos, un televisor de alta definición, un auto deportivo, etc.

¡Matías quiere ganar un millón de dólares!

Esteban está horrorizado por la respuesta de Matías.

No quiere contratar a alguien tan enfocado en el dinero.

En un trabajo hay otras cosas importantes además del dinero.

Esteban finaliza la entrevista.

Saluda a Matías y le dice que espere el llamado para saber el resultado de la entrevista.

Unos días después, Matías recibe el llamado de recursos humanos.

El empleo no es suyo.

¡Matías no debe enfocarse tanto en el dinero!

FIN

- Volver al inicio (Pág. 10)

Dar una respuesta sin decir un número

Matías sabe que no debe decir un número inmediatamente.

Él explica que quiere un salario competitivo en el mercado.

Pero eso no es lo único que le interesa.

Matías no se enfoca solamente en el dinero.

La remuneración es importante pero no es lo único que importa en un empleo.

Matías está interesado en conocer las funciones del puesto de Desarrollador de Videojuegos.

Matías quiere enfrentar los retos del empleo.

Él quiere conocer cómo funciona una empresa de desarrollo de videojuegos.

Aprender es algo muy importante en un empleo.

A Esteban le gusta la respuesta de Matías.

A Matías le interesa el dinero, pero también le interesa el puesto y sus desafíos.

Esteban hace la última pregunta de la entrevista y dice:

- "Matías, me gusta mucho tu perfil. ¿Cuándo puedes comenzar?"

- Decir que puedo comenzar a trabajar en un mes (Pág. 76)
- Decir que puedo comenzar mañana (Pág. 78)

Decir que puedo comenzar a trabajar en un mes

Matías no tiene ganas de comenzar a trabajar inmediatamente.

Quiere ver una temporada más de su serie favorita.

Quiere jugar un poco más ese juego de PlayStation que tanto le gusta.

Matías le dice a Esteban que tiene que arreglar unos asuntos personales.

Le dice que puede comenzar el mes entrante.

Esteban se sorprende con la respuesta de Matías.

Esteban necesita cubrir el puesto pronto.

El puesto no puede estar vacío.

Esteban debe llenar la vacante.

Una persona debe ocupar el puesto.

Esteban decide contratar a otro candidato que puede comenzar a trabajar pronto.

¡Matías debe pensar mejor sus respuestas!

FIN

- Volver al inicio (Pág. 10)

Decir que puedo comenzar mañana

Matías está muy emocionado por el empleo.

¡Matías quiere comenzar hoy mismo!

Le dice a Esteban que puede comenzar mañana.

A esteban le gusta el entusiasmo que demuestra Matías.

Esa es la actitud indicada para un postulante a un empleo.

Esteban le dice que se dirija a recursos humanos para darse de alta en la nómina de la empresa.

¡Matías ahora es un Desarrollador de Videojuegos profesional!

FIN

- Volver al inicio (Pág. 10)

Personal notes

In this section, you can write whatever you want. Be sure to take note of everything useful for your learning, such as word definitions, translations or even the path of the language adventure.

Did you like this Language adventure? Share your comments with the world!

I really hope you loved this interactive Spanish reader.

I am sure you reached the best outcome right away! :D

If you did enjoy this book, share your experience with other spanish learners!

Rate this book and write a review in Amazon

Thank you! ^_^